Impressum
Verlag: BABADADA GmbH, Nedderfeld 112 , 22529 Hamburg
Geschäftsführer / Verlagsleitung: Harald Hof
Druck: Books on Demand GmbH, In de Tarpen 42, 22848 Norderstedt

Imprint
Publisher: BABADADA GmbH, Nedderfeld 112 , 22529 Hamburg, Germany
Managing Director / Publishing direction: Harald Hof
Print: Books on Demand GmbH, In de Tarpen 42, 22848 Norderstedt, Germany

sekolo

школа

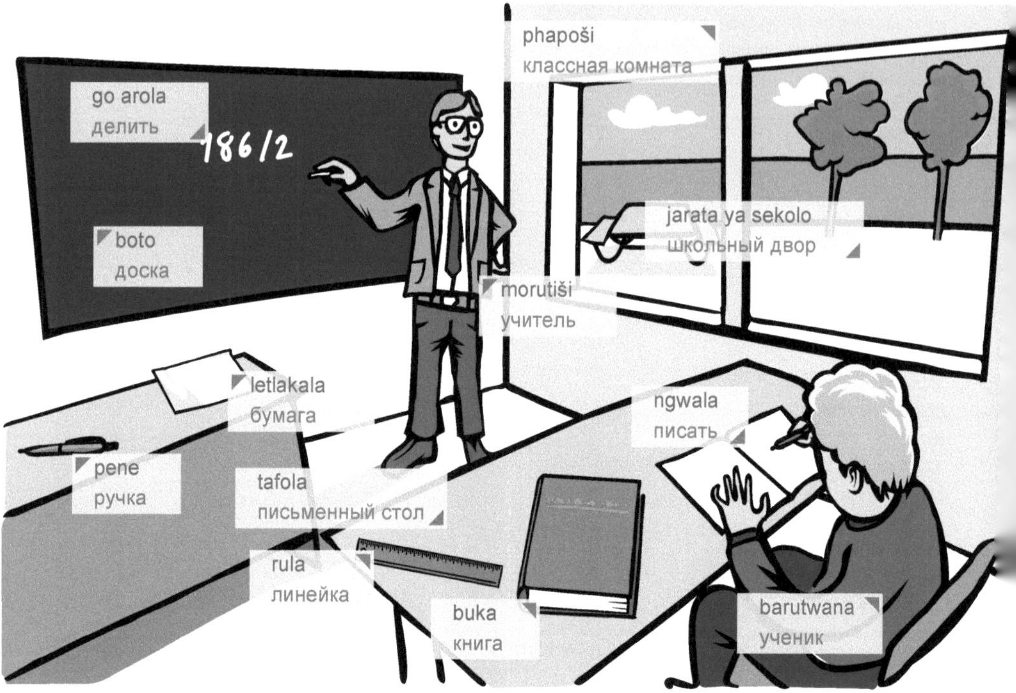

phapoši
классная комната
go arola
делить
186/2
boto
доска
jarata ya sekolo
школьный двор
morutiši
учитель
letlakala
бумага
ngwala
писать
pene
ручка
tafola
письменный стол
rula
линейка
buka
книга
barutwana
ученик

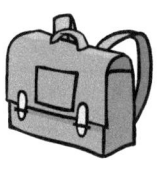

peke

ранец

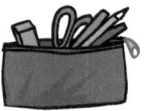

kheise ya phensele

пенал

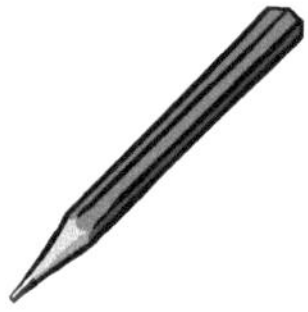

phensele

карандаш

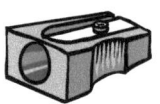

motšhene wa go betla phensele

точилка

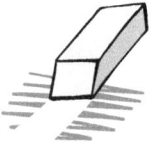

rabhara

ластик

phede ya ho thala

альбом для рисования

go thala

рисунок

borashe ya go penta

кисточка

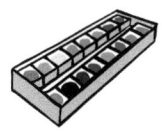

lepokisi la go penta

коробка красок

sekero

ножницы

sekgomaretši

клей

puku ya go ngwala

тетрадь

mošomo wa gae

домашняя работа

nomoro

цифра

tlatša

прибавлять

go ntšha

вычитать

go atiša

умножать

khalekhuleitha

считать

lengwalo

буква

alefapete

алфавит

lentšu

слово

mongolo

....

текст

bala

....

читать

tšhoko

....

мел

thuto

....

урок

puku ya maina

....

классный журнал

thuto

....

экзамен

setifikeite

....

диплом

diaparo tša sekolo

....

школьная форма

thuto

....

образование

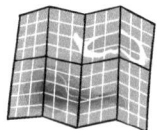

encyclopedia

....

энциклопедия

yunibesithi

....

университет

maekrosekoupo

....

микроскоп

mmapa

....

карта

pasekete ya matlakala a
ditšhila

....

корзина для бумаг

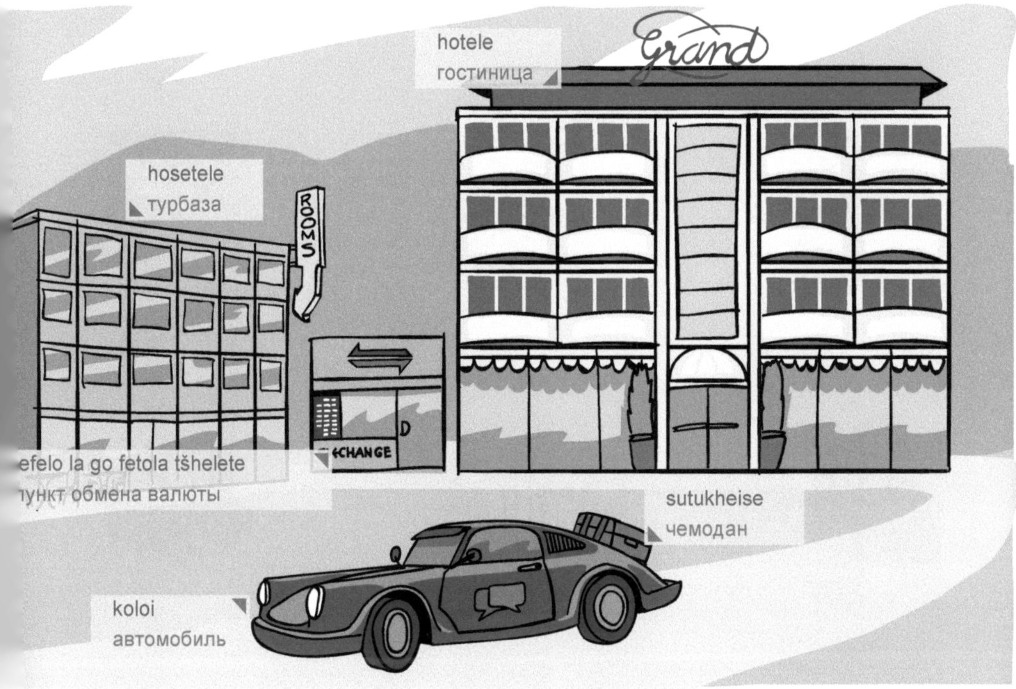

hotele
гостиница

hosetele
турбаза

efelo la go fetola tšhelete
пункт обмена валюты

sutukheise
чемодан

koloi
автомобиль

Leleme

язык

ee / aowa

да / нет

Go lokile

хорошо

Dumela

Привет

mofetoledi

переводчик

Re a leboga

Спасибо

... ke bokae?

Сколько стоит...?

ga ke kwešiše

Я не понимаю

bothata

проблема

Thobela!

Добрый вечер!

Meso e mebotse!

Доброе утро!

Robala botse!

Доброй ночи!

šala gabotse

До свидания

keletšo ya tsela

направление

peke

багаж

peke

сумка

mokotla wa dipuku

рюкзак

moeng

гость

phapoši

комната

pekana ya go robala

спальный мешок

mokhukhu

палатка

boitsebišo bja moeti

туристическая
информация

lewatleng

пляж

karata ya mokitlana

кредитная карточка

dijo tša mesong

завтрак

matena

обед

dijo tša mantšiboa

ужин

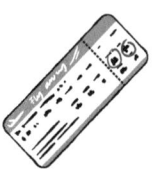

thikethe

билет

lifithi

лифт

setempe

почтовая марка

border

граница

setlwaedi

таможня

embassy

посольство

visa

виза

phasepoto

паспорт

senamelwa

транспорт

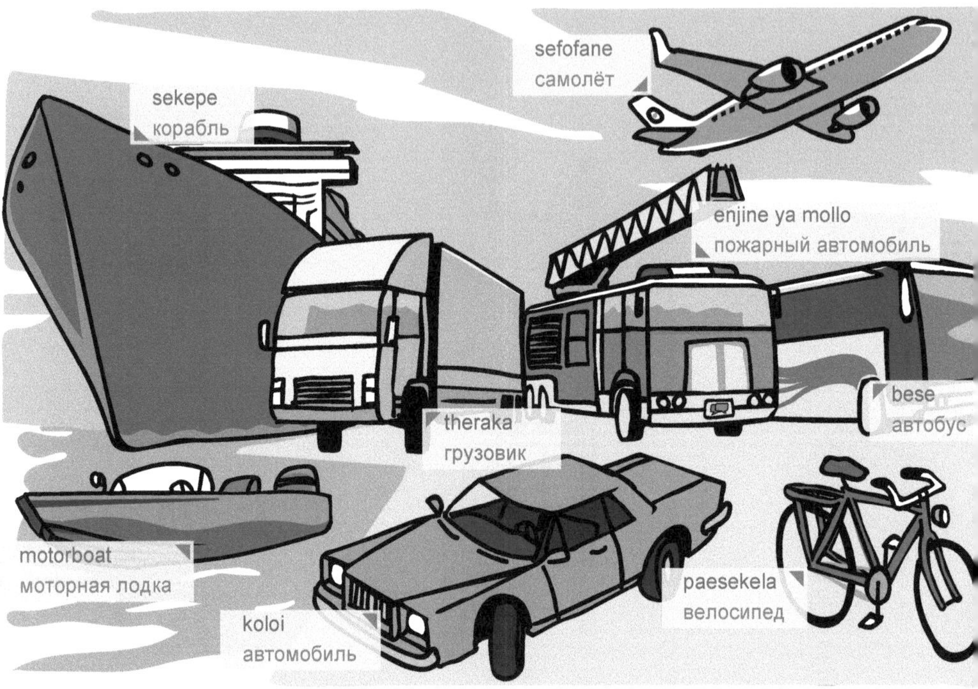
sefofane
самолёт
sekepe
корабль
enjine ya mollo
пожарный автомобиль
bese
автобус
theraka
грузовик
motorboat
моторная лодка
paesekela
велосипед
koloi
автомобиль

feri

парoм

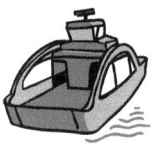

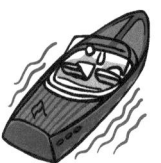

sekepe

лодка

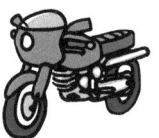

sethuthuthu

мотоцикл

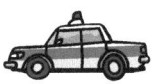

koloi ya maphodisa

полицейский автомобиль

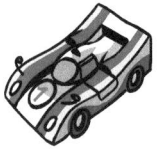

koloi ya go šiašiana

гоночный автомобиль

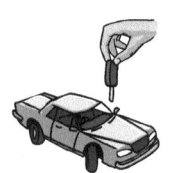

koloi ya go rentišwa

арендованный автомобиль

go arogana koloi

совместное пользование
автомобилями

theraka ya go goga

буксировочный
автомобиль

theraka ya ditlakala

мусоровоз

mmotho

двигатель

makhura

топливо

seteišene sa makhura

заправка

leswao la therafiki

дорожный знак

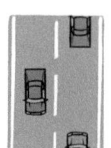

therafiki

движение

therafiki

пробка

felo la go phaka dikoloi

автостоянка

seteišene sa terene

вокзал

tsela

рельсы

terene

поезд

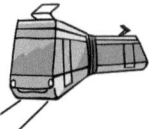

theramo

трамвай

koloi

вагон

sefofane

вертолёт

boemafofane

аэропорт

serokami

вышка

monamedi

пассажир

seswari

контейнер

lepokisana

коробка

khathe

тележка

basket

корзина

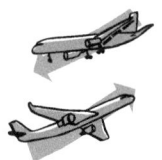

go tloga / go kwatama

взлетать / приземляться

toropo

город

motse

деревня

bogareng bja toropo

центр города

ntlo

дом

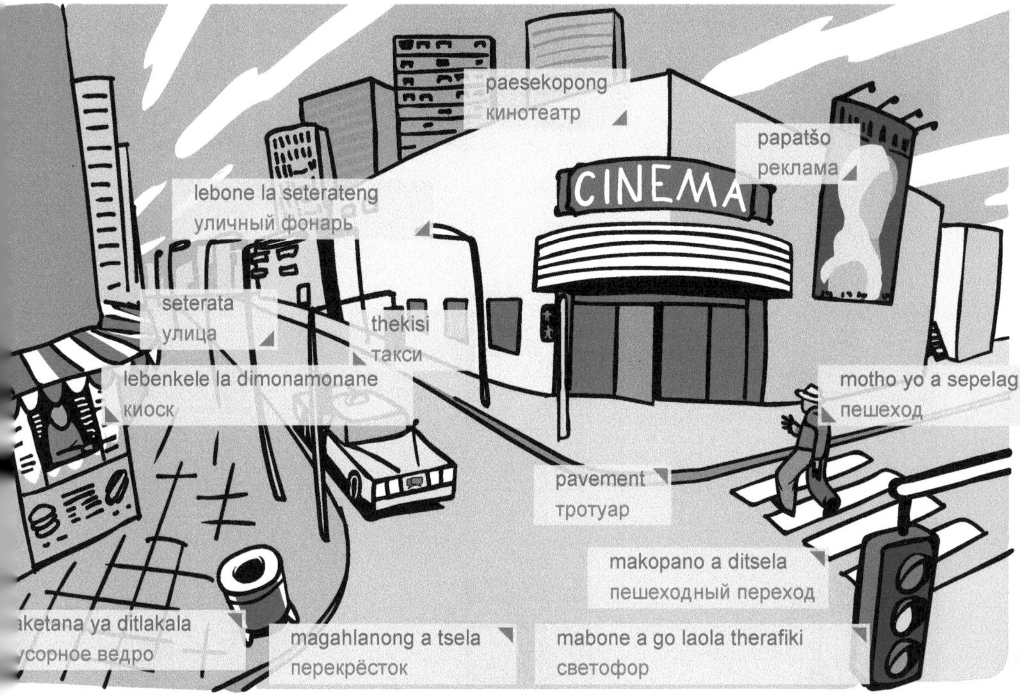

paesekopong
кинотеатр

papatšo
реклама

lebone la seterateng
уличный фонарь

CINEMA

seterata
улица

thekisi
такси

lebenkele la dimonamonane
киоск

motho yo a sepelag
пешеход

pavement
тротуар

makopano a ditsela
пешеходный переход

...ketana ya ditlakala
...усорное ведро

magahlanong a tsela
перекрёсток

mabone a go laola therafiki
светофор

mokutwana

хижина

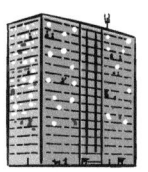

folete

квартира

seteišene sa terene

вокзал

holo ya toropong

ратуша

museamo

музей

sekolo

школа

yunibesithi

университет

panka

банк

sepetlele

больница

hotele

гостиница

lebenkele la dihlare

аптека

ofisi

офис

lebenkele la dipuku

книжный магазин

lebenkele la dijo

магазин

lebenkele la matšoba

цветочный магазин

lebenkele la dihlare

супермаркет

mmakete

рынок

lebenkele la dilo tše dintši

универмаг

fishmonger's

торговец рыбой

lefelo la mabenkele

торговый центр

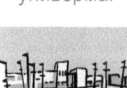

boemakepe

порт

phaka

парк

bench

скамейка

leporogo

мост

ditepisi

лестница

ka tlase

метро

thanele

тоннель

boemela pese

автобусная остановка

bar

бар

lebenkele la dijo

ресторан

lepokisi la poso

почтовый ящик

leswao la seterata

табличка с названием
улицы

mithara wa go phaka koloi

паркометр

zuu

зоопарк

letamo la go rutha

бассейн

lefelo la mamoseleme

мечеть

polasa

ферма

tšhilafalo

загрязнение окружающей среды

mabitla

кладбище

kereke

церковь

lefelo la go bapala

детская площадка

tempele

храм

lefelo la dithaba
ландшафт

letlakala
лист

leswao la tsela
дорожный указатель

tsela
дорога

lefelo kgauswi le noka
луг

letlapa
камень

mophara thaba
путешественник

mohlare
дерево

noka
река

bjang
трава

letšoba
цветок

tsela

долина

thaba

гора

letangwana la meetsi

озеро

sethokgwa

лес

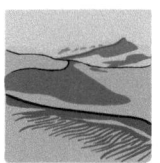

leganata

пустыня

thabamollo

вулкан

ntlo e kgolo

замок

molalatladi

радуга

mushroom

гриб

palm tree

пальма

monang

комар

fofa

муха

ditšhošwane

муравей

nosi

пчела

segokgo

паук

khunkhwane

жук

segwagwa

лягушка

squirrel

белка

noko

еж

mmutla

заяц

leribiši

сова

nonyana

птица

mogolodi

лебедь

kolobe ya naga

кабан

phuthi

олень

phuthi

лось

letamo

плотина

wind turbine

ветряной генератор

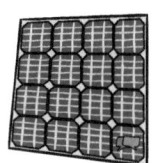

phanele ya solar

солнечная батарея

leratadima

климат

lebenkele la dijo
ресторан

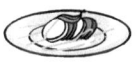

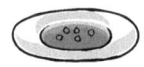

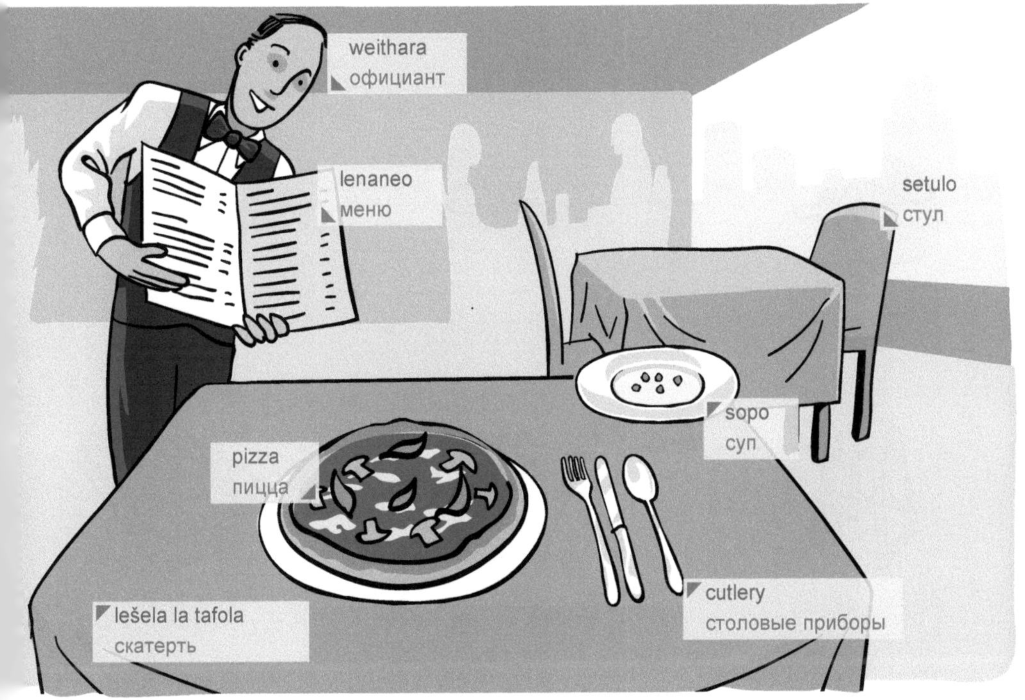

weithara
официант
lenaneo
меню
setulo
стул
sopo
суп
pizza
пицца
cutlery
столовые приборы
lešela la tafola
скатерть

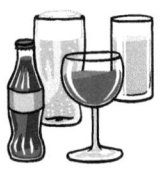

dijo tša mathomo

закуска

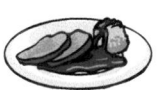

dijo

главное блюдо

dimonamonane

десерт

dino

напитки

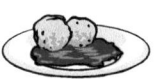

dijo

еда

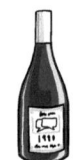

lepotlelo la ngwana

бутылка

fastfood

фастфуд

dijo tša seterateng

уличная еда

ketlele ya tea

чайник

poleitana swikiri

сахарница

karolo

порция

motšhene wa espresso

кофеварка

setulo sa godimo

детский стульчик

tefo

счет

therei

поднос

thipa

нож

foroko

вилка

lelepola

ложка

lelepola

чайная ложка

lešela la go iphomola

салфетка

galase

стакан

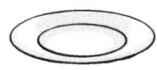

poleite

тарелка

poleite ya sopo

суповая тарелка

sosara

блюдце

moroto

соус

poto ya letswai

солонка

sešila phepha

мельница для перца

vinegar

уксус

makhura

масло

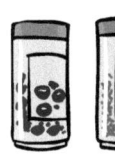

sepaese

специи

tamatisoso

кетчуп

masetete

горчица

mayonnaise

майонез

lebenkele la dihlare

супермаркет

dithekišo tša tlase
специальное предложение
FOR
moreki
покупатель
dijo tša go ba le maswi
молочные продукты
dikenywa
фрукты
teroli
тележка для покупок

BUTCHERS

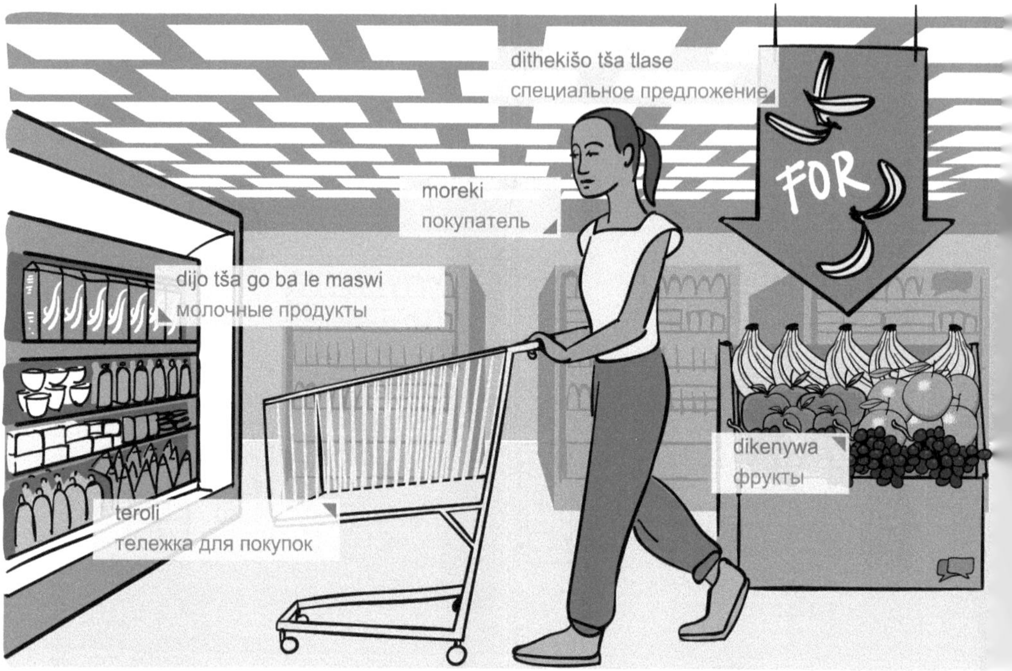

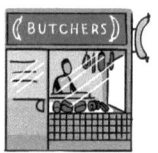

selaga

мясной магазин

BAKERY

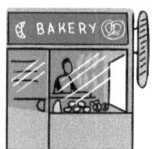

moapei wa dikuku

пекарня

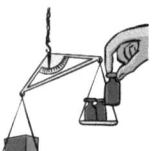

kala

взвешивать

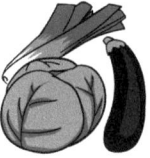

merogo

овощи

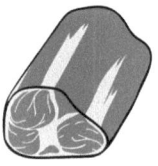

nama

мясо

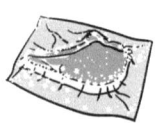

dijo tše gahlišitšwego

быстрозамороженные продукты

nama ya go tonya

нарезка

tinned food

консервы

sešepi sa go hlatswa

стиральный порошок

dimonamonane

сладости

dilo tša ka ntlong

предмет домашнего обихода

didirišwa tša go hlwekiša

моющее средство

morekiši

продавщица

till

касса

morekiši

кассир

naneo la tše rekišwago

список покупок

diiri tša go bula

время работы

sepatšhe

бумажник

karata ya mokitlana

кредитная карточка

peke

сумка

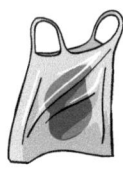

peke ya polasetiki

полиэтиленовый пакет

напитки

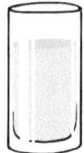

meetsi

вода

Juice

сок

maswi

молоко

coke

кока-кола

beine

вино

bhiri

пиво

bjala

алкоголь

cocoa

какао

tea

чай

kofi

кофе

espresso

эспрессо

cappuccino

капучино

banana

банан

apola

яблоко

namome

апельсин

melon

арбуз

namone

лимон

carrot

морковь

garlic

чеснок

bamboo

бамбук

keiye

лук

mushroom

гриб

ditokomane

орехи

noodles

лапша

spaghetti

спагетти

raese

рис

salate

салат

ditšhipisi

картофель фри

matapola a gadikilwego

жареный картофель

pizza

пицца

hambeka

гамбургер

sandwich

сэндвич

cutlet

шницель

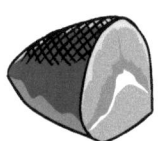

ham

ветчина

salami

салями

sausage

колбаса

kgogo

курица

gadika

жаркое

hlaphi

рыба

bogobe bja oats

овсяные хлопья

muesli

мюсли

cornflakes

кукурузные хлопья

folouro

мука

croissant

круассан

dipanse

булочка

borotho

хлеб

toaster

тост

dipisikiti

печенье

botoro

масло

curd

творог

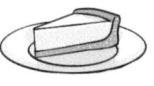

kuku

пирог

lee

яйцо

lee le gadikilwego

яичница

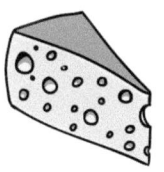

tshese

сыр

ice cream

мороженое

swikiri

сахар

todi ya dinosi

мёд

jeme

мармелад

chocolate spread

крем с нугой

curry

карри

polasa
ферма

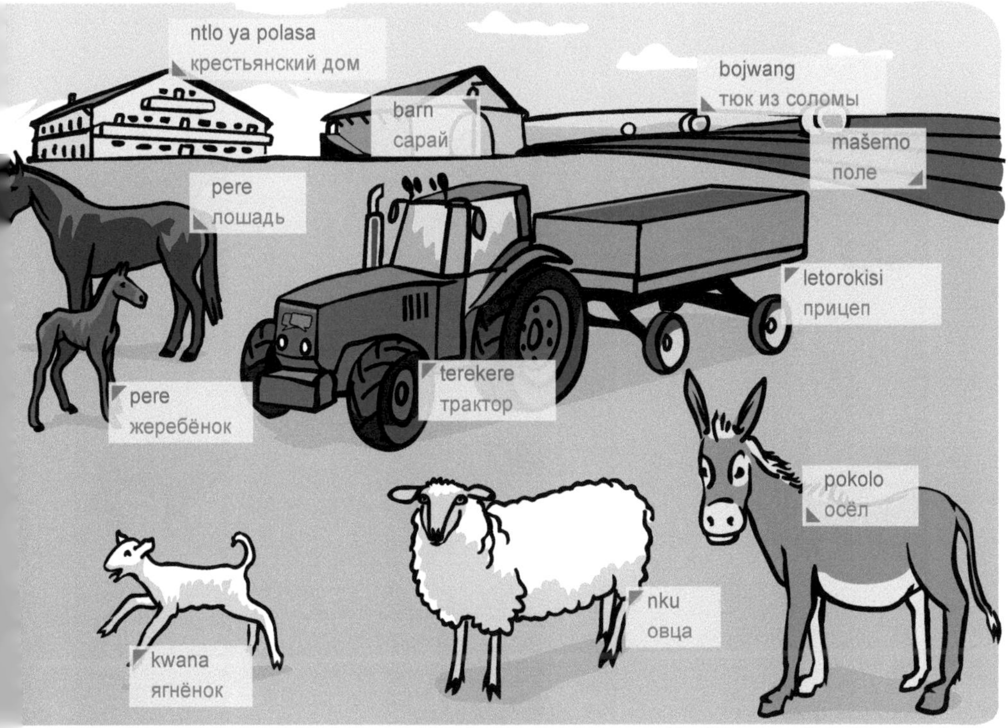
ntlo ya polasa
крестьянский дом
barn
сарай
bojwang
тюк из соломы
mašemo
поле
pere
лошадь
letorokisi
прицеп
terekere
трактор
pere
жеребёнок
pokolo
осёл
nku
овца
kwana
ягнёнок

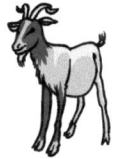

pudi
коза

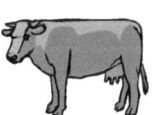

kgomu
корова

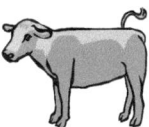

namane
телёнок

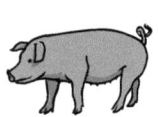

kolobe
свинья

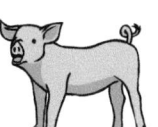

kolobjana
поросёнок

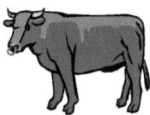

poo
бык

leganse

гусь

leganse

утка

letswienyane

цыплёнок

kgogo

курица

mokoko

петух

legotlo

крыса

katse

кошка

legotlo

мышь

pholo

вол

mpšha

собака

ntlwana ya mpšha

конура

lethompo la seratswana

садовый шланг

khene ya meetse

лейка

peke

коса

megoma ya terekere

плуг

sekele

серп

mogoma

мотыга

foroko

навозные вилы

selepe

топор

kiribai

тачка

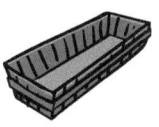

letangwana la meetsi

корыто

khene ya maswi

бидон для молока

lesaka

мешок

fense

забор

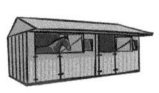

stable

хлев

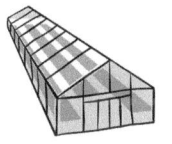

ntlwana ya galase ya
dihlare

теплица

mobu

почва

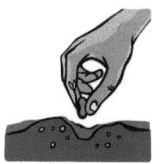

peu

посев

manyora

удобрение

motšhene wa go buna

комбайн

buna

собирать урожай

buna

урожай

tse monate

ямс

korong

пшеница

soy

соя

letapola

картофель

korong

кукуруза

rapeseed

рапс

mohlare wa dikenywa

фруктовое дерево

cassava

маниок

disereale

злаки

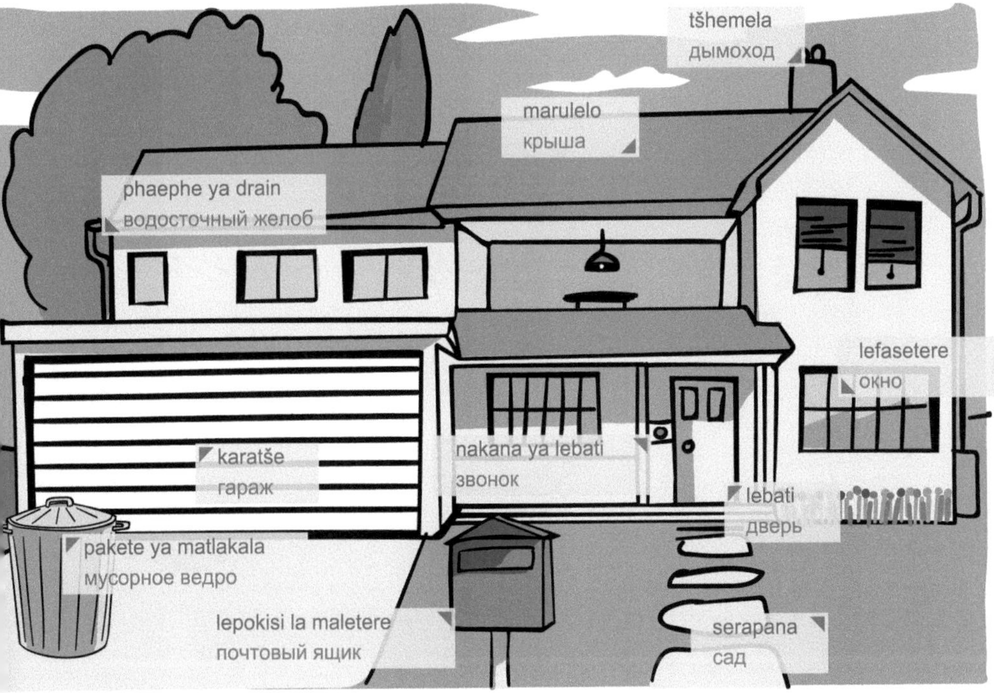

tšhemela
дымоход

marulelo
крыша

phaephe ya drain
водосточный желоб

lefasetere
окно

karatše
гараж

nakana ya lebati
звонок

lebati
дверь

pakete ya matlakala
мусорное ведро

lepokisi la maletere
почтовый ящик

serapana
сад

phapoši ya go dula

гостиная

kamora ya go hlapela

ванная комната

boapeelo

кухня

phapoši ya go robala

спальня

phapoši ya bana

детская комната

lefelo la boiketlo

столовая

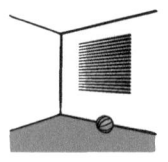

fase

пол

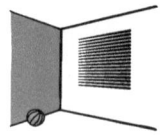

lebota

стена

siling

потолок

cellar

подвал

sauna

сауна

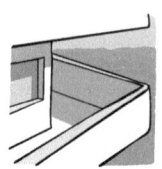

letsikangope

балкон

lelapa

терраса

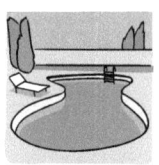

letamo la go rutha

бассейн

motšhene wa go sega bjang

газонокосилка

lešela la go iphomola

пододеяльник

lešela la mpeto

покрывало

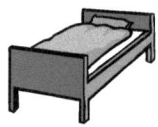

mpeto

кровать

leswielo

метла

pakete

ведро

pholaka

выключатель

phapoši ya go dula

гостиная

senepe sa sediriŝwa
обои
senepe
рисунок
lebone
лампа
shelofe
полка
khaboto
шкаф
thelebišene
телевизор
lefelo la mollo
камин
letšoba
цветок
kobo
подушка
sofa
диван
vase
ваза
remote control
пульт дистанционного управления

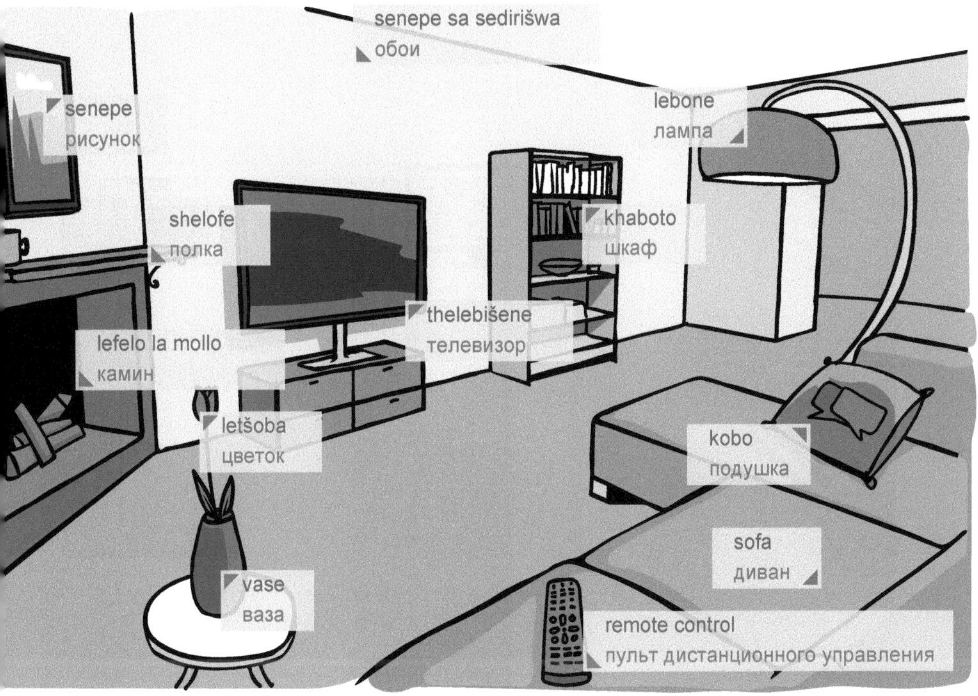

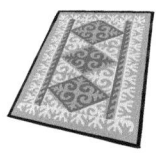

khaphete

ковёр

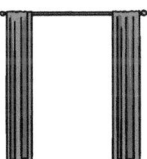

garetene

штора

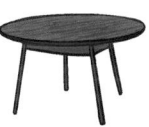

tafola

стол

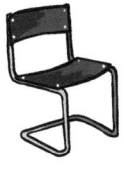

setulo

стул

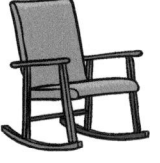

rocking chair

кресло-качалка

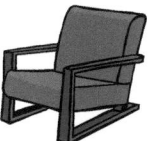

armchair

кресло

buka

книга

kobo

покрывало

bokgabišo

украшение

dikota tša mollo

дрова

filimi

фильм

sedirišwa sa hi-fi

стереосистема

senotlelo

ключ

kuranta

газета

go penta

картина

phouseta

плакат

radio

радио

pukwana ya go ngwala

блокнот

motšhene wa go hlwekiša

пылесос

mohlašana wa cactus

кактус

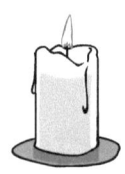

kerese

свеча

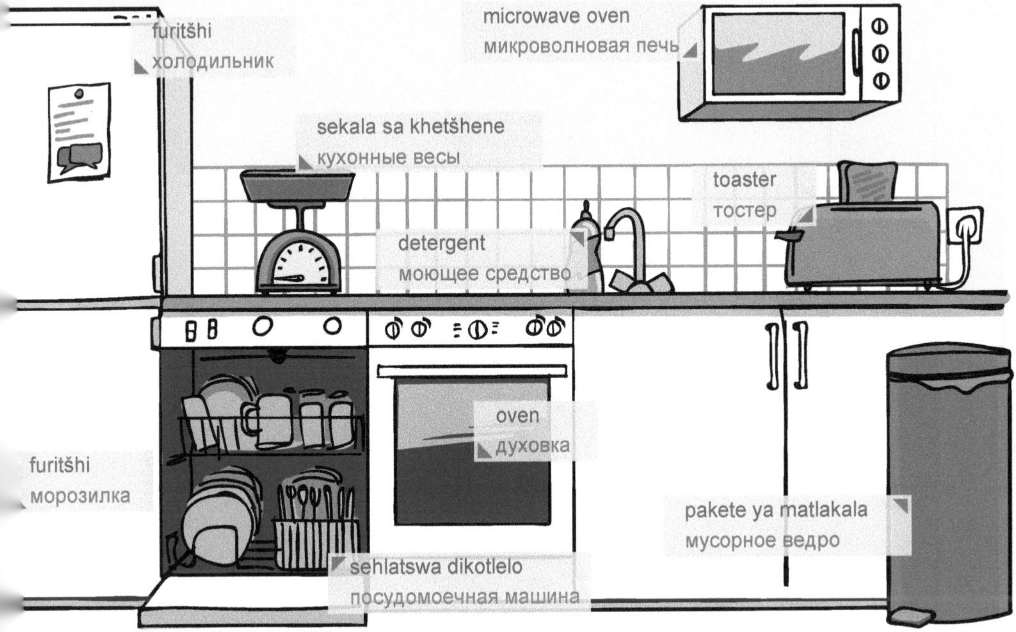

furitŠhi
холодильник

microwave oven
микроволновая печь

sekala sa khetŠhene
кухонные весы

toaster
тостер

detergent
моющее средство

oven
духовка

furitŠhi
морозилка

pakete ya matlakala
мусорное ведро

sehlatswa dikotlelo
посудомоечная машина

moapei
....
плита

pitŠa
....
кастрюля

cast-iron pot
....
чугунный котелок

wok / kadai
....
вок / кадай

pane
....
сковорода

ketlele
....
чайник

steamer

пароварка

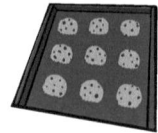

therei ya go paka

противень

dikotlelo

посуда

komiki

кружка

mogopo

миска

diphathana tša go ja

палочки для еды

lelepola la ladle

половник

spatula

лопатка

whisk

сбивалка

strainer

сито

sefo

сито

kereitara

тёрка

mortar

ступка

barbecue

гриль

thuntšha

костёр

boto ya dijo

доска

rolling pin

скалка

sebula lepotlelo

штопор

khene

жестяная банка

sebula khene

консервный нож

seswara dipoto

прихватка

sinki

раковина

borashe

щетка

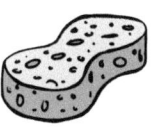

sepontše

губка

sehlakanyi

миксер

freezer

морозильная камера

lepotlelo la ngwana

бутылочка для кормления

pompi

кран

kamora ya go hlapela

ванная комната

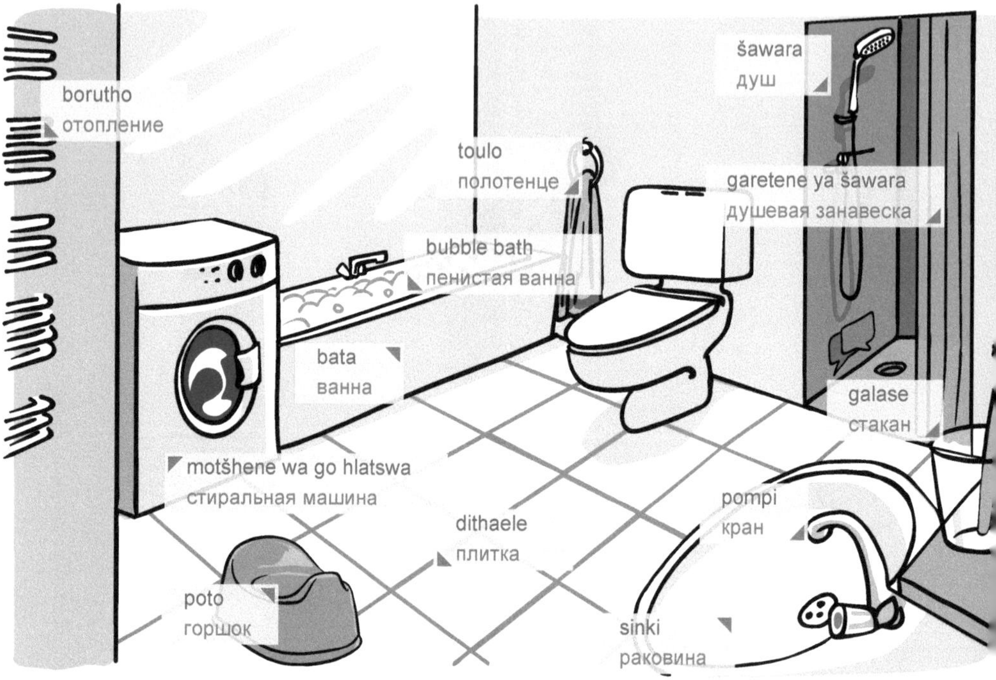

šawara
душ
borutho
отопление
toulo
полотенце
garetene ya šawara
душевая занавеска
bubble bath
пенистая ванна
bata
ванна
galase
стакан
motšhene wa go hlatswa
стиральная машина
pompi
кран
dithaele
плитка
poto
горшок
sinki
раковина

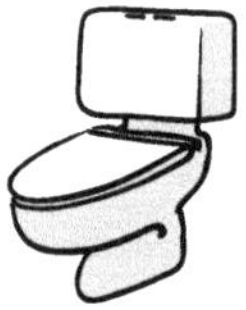

ntlwana
туалет

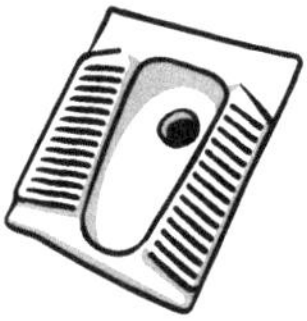

ntlwana ya ho tshorama
напольный унитаз

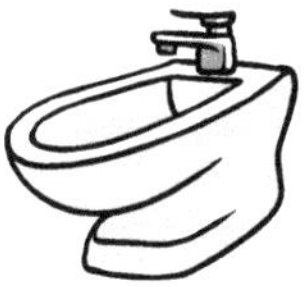

bidet
биде

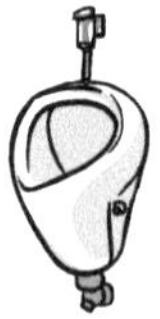

moroto
писсуар

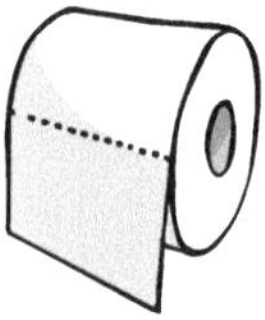

pampiri ya ntlwana
туалетная бумага

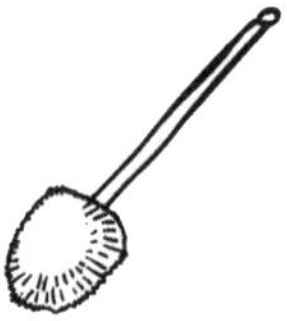

boraše ya ntlwana
ершик

boraše ya ho hlapa meno

зубная щетка

sešepi sa meno

зубная паста

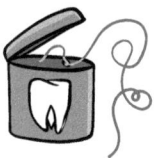

floss ya meno

зубная нить

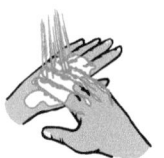

hlatswa

мыть

shawara ya go swarwa ka matsogo

ручной душ

douche

интимный душ

basin

таз

back brush

щетка для спины

sešepi

мыло

sešepi sa ka šawareng

гель для душа

shampoo

шампунь

folene

мочалка

drain

сток

sa go tlola

крем

senkgiša bose

дезодорант

seipone

зеркало

sepili se senyenyane

ручное зеркало

legare

бритва

shaving foam

пена для бритья

aftershave

лосьон после бритья

kamo

расческа

boraše

щетка

derayara ya moriri

фен

setlola sa moriri

лак для волос

makeup

косметика

setlola sa molomo

губная помада

varnish ya manala

лак для ногтей

wulu

вата

sekero sa dinala

маникюрные ножницы

phefumo

духи

pekana ya tša go hlapa

косметичка

setulo

табуретка

sekala

весы

toulwana ya go hlapa

халат

ditlelafo tša rabara

резиновые перчатки

tampon

тампон

toulo ya go phumula matsogo

гиеническая прокладка

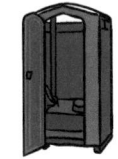

ntlwana ya dikhemikhale

биотуалет

phapoši ya bana

детская комната

watšhe ya alamo
будильник
mpopi
мягкая игрушка
koloi ya go bapadiša
игрушечный автомобиль
rattle ya bana
погремушка
ntlo ya mepopi
кукольный домик
present
подарок

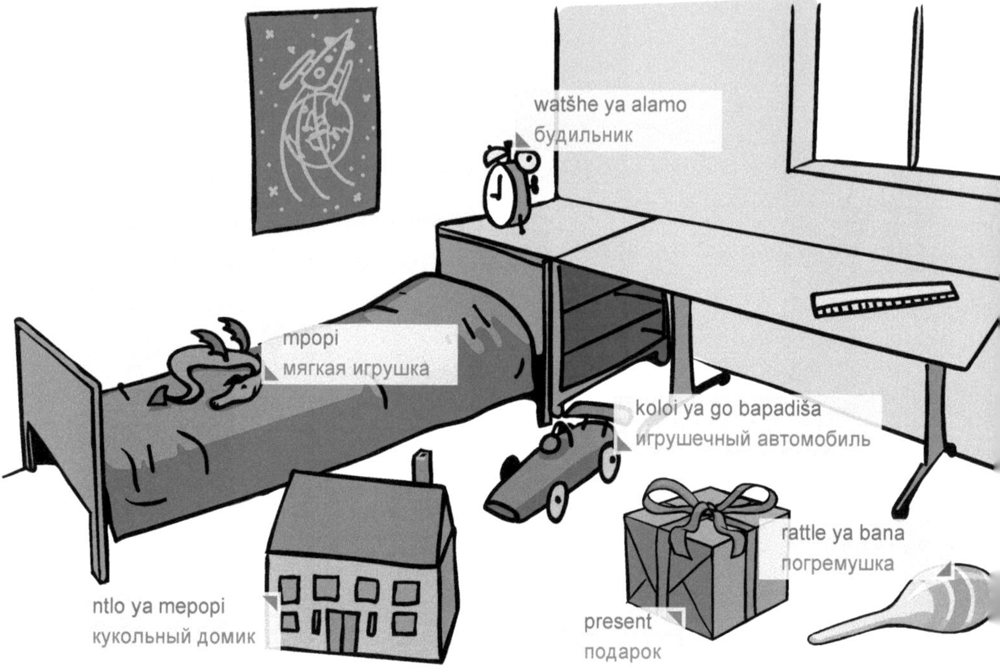

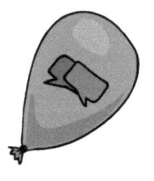

baluni

воздушный шар

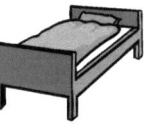

mpeto

кровать

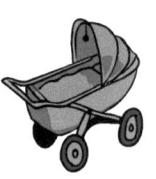

phorema

детская коляска

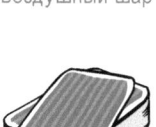

dikarata

карточная игра

papadi ya jigsaw

пазл

SUPER
MEGA

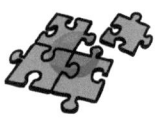

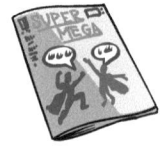

metlae

комикс

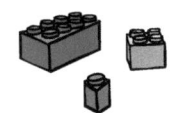

papadi ya lego bricks

кирпичики Лего

papadi ya building blocks

кубики

action figure

игрушечная фигурка

go gola ga ngwana

ползунки

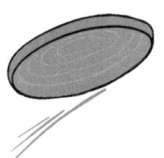

papadi ya Frisbee

фрисби

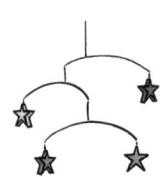

mobile

мобиле

papadi ya boto

настольная игра

letaese

кубик

model train set

модель железной дороги

tami

соска

phathi

вечеринка

puku ya dinepe

книга с картинками

kgwele

мяч

mpopi

кукла

bapala

играть

sandpit

песочница

swing

качели

tša go bapadiša

игрушка

sediriŝwa sa dipapadi tša bidio

игровая приставка

paesekele ya bana

трёхколесный велосипед

teddy bear

плюшевый медвежонок

oteropo

шкаф для одежды

diaparo

одежда

masokisi

носки

masokisi

чулки

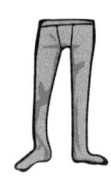

pentihouso

колготки

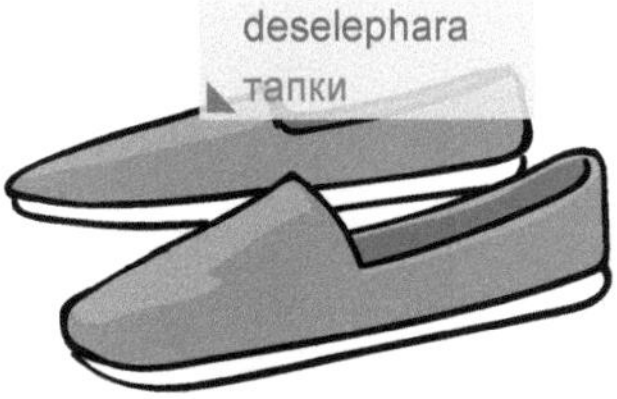

sekhafo
шарф

amporela
зонтик

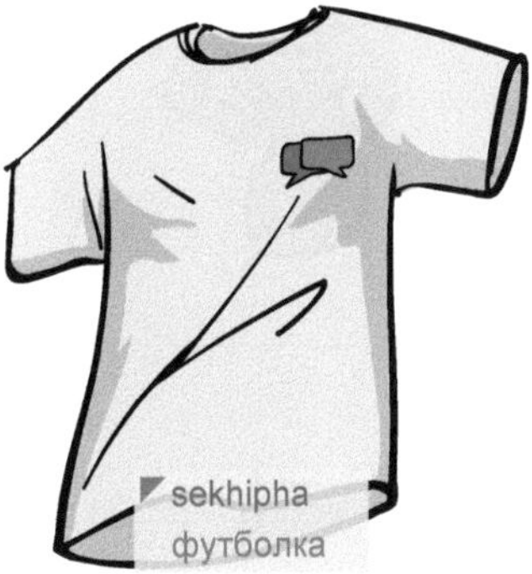

sekhipha
футболка

lepanta
ремень

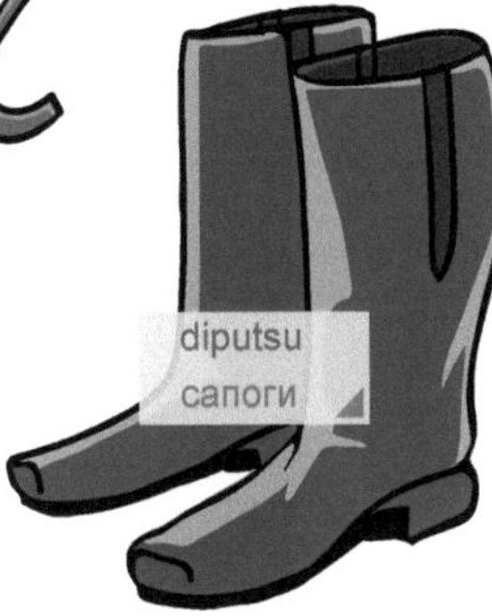

diputsu
сапоги

deselephara
тапки

diteki
кроссовки

ramphešane
....
сандалии

dieta
....
ботинки

diputsu tša rabara
....
резиновые сапоги

orokgwana bja ka fase
....
трусы

seaparo sa bra
....
бюстгальтер

besete
....
майка

mmele
боди

marokgo
брюки

pokathe
джинсы

sekhethe
юбка

seaparo sa blouse
блузка

hempe
рубашка

jase
свитер

jase
свитер

seaparo sa blazer
спортивная куртка

baki
жакет

jase
пальто

jase ya pula
плащ

khosetumo
костюм

roko
платье

lešira
свадебное платье

sutu

мужской костюм

seaparo sa go robala

ночная сорочка

dipejama

пижама

sari

сари

sekafo

платок

turban

тюрбан

seaparo sa burqa

паранджа

roko ya kaftan

кафтан

abaya

абайя

seaparo sa go rutha

купальник

diteranka

плавки

marukgwana a manyenyane

шорты

terekesutu

спортивный костюм

apron

фартук

ditlelafo

перчатки

konope

пуговица

digalase

очки

boreiselete

браслет

nekeleise

цепочка

palamonwana

кольцо

lengena

серьга

kepisi

шапка

hengere ya jase

вешалка

kefa

шляпа

thai

галстук

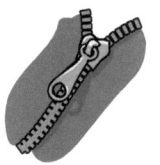

zip

застежка молния

helmete

шлем

braces

подтяжки

diaparo tša sekolo

школьная форма

unifomo

форма

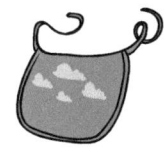

seaparo sa bib

детский нагрудник

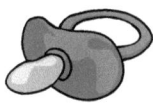

tami

соска

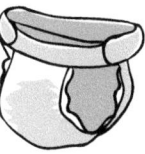

mongato

подгузник

ofisi

офис

sebara
сервер
lekase la difaele
канцелярский шкаф
phrinthara
принтер
etlakala
бумага
monitharaw
монитор
tafola
письменный стол
mouse
мышь
foldara
папка
keybhoto
клавиатура
setulo
стул
e ya matlakala a ditšhila
для бумаг
khomphutha
компьютер

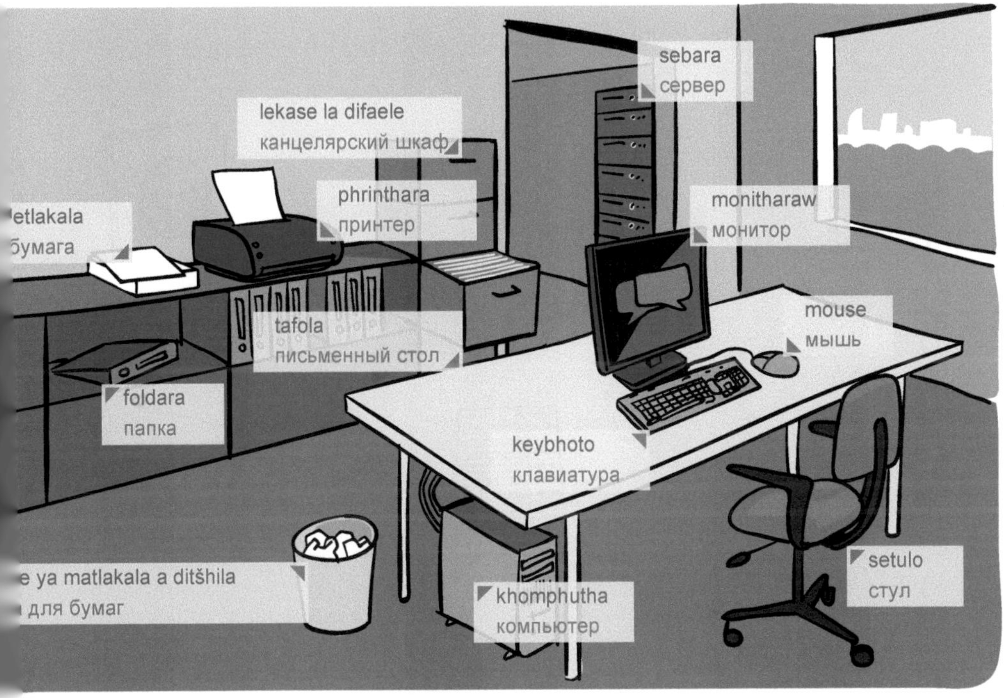

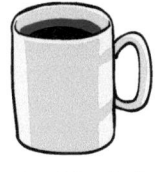

komiki ya kofi

кофейная кружка

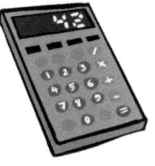

khalekhuleitha

калькулятор

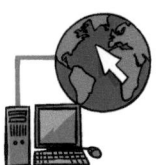

inthanete

интернет

laptop

ноутбук

lengwalo

письмо

molaetša

сообщение

mogalathekeng

мобильный телефон

netweke

сеть

motšhene wa go
photokhopa
ксерокс

software

программа

mogala

телефон

pholaka ya sokete

розетка

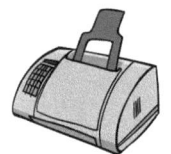

motšhine wa go fekesa

факс

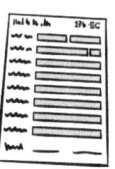

fomo

формуляр

dipampiri

документ

reka

покупать

lefa

платить

rekiša

торговать

tšhelete

деньги

USD

dollar

доллар

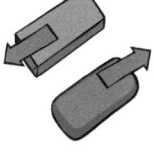
EUR

euro

евро

JPY

yen

иена

RUB

rouble

рубль

CHF

Swiss franc

франк

CNY

renminbi yuan

жэньминьби юань

INR

rupee

рупия

lefelo la go ntšha tšhelete

банкомат

lefelo la go fetola tšhelete

пункт обмена валюты

gauta

золото

silifera

серебро

oil

нефть

matla

энергия

poraese

цена

konteraka

договор

motšhelo

налог

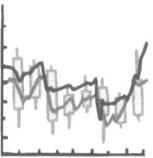

setokho

акция

mošomo

работать

mošomi

служащий

mothwadi

работодатель

feketori

фабрика

lebenkele la dijo

магазин

lephodisa
милиционер

setimamollo
пожарный

apea
повар

ngaka
врач

mofofiši wa difofane
пилот

hlokomedi wa dirapana
садовник

mmetli
столяр

moroki
швея

moahlodi
судья

khemise
химик

mmapadi
актёр

mootledi wa pase

водитель автобуса

mootledi wa thekisi

таксист

moswara dihlapi

рыбак

mosadi wa go hlwekiša

уборщица

molokiša marulelo

кровельщик

weithara

официант

motsomi

охотник

motho wa go penta

художник

mopaki

пекарь

electrician

электрик

moagi

строитель

moenjeneare

инженер

selaga

мясник

polambara

сантехник

mosepediši wa poso

почтальон

mohlabani

солдат

mothadi wa dintlo

архитектор

morekiši

кассир

molemi wa matšoba

флорист

mologi wa moriri

парикмахер

molaodi

кондуктор

mekhenikhe

механик

mokapotene

капитан

ngaka ya meno

зубной врач

rathutamahlale

ученый

moruti

раввин

moetapele wa dithapelo

имам

monk

монах

moruti

священник

didirišwa

инструменты

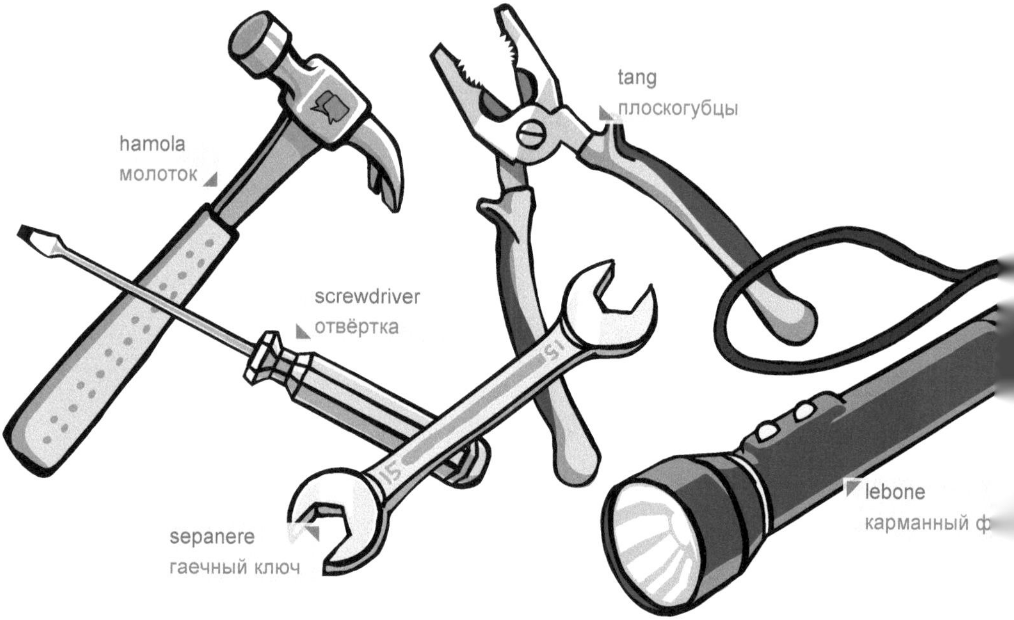
hamola
молоток
tang
плоскогубцы
screwdriver
отвёртка
sepanere
гаечный ключ
lebone
карманный

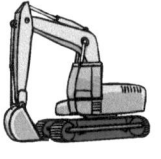

seepi

экскаватор

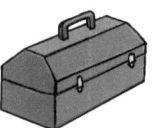

lepokisi la dithulusi

ящик для инструментов

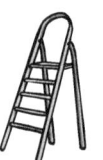

llere

стремянка

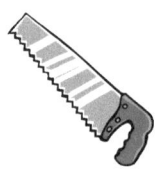

saga

пила

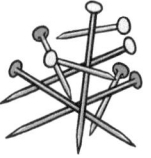

dipikiri

гвозди

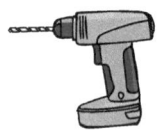

sebori

дрель

lokiša

ремонтировать

garafo

лопата

ijoo!

Блин!

seolela matlakala

совок

pitša ya pente

ведро с краской

sekurufu

винты

didirišwa tša mmino
музыкальные инструменты

segaša modumo
громкоговоритель

diteramo
ударный инструмент

katara
гитара

beise ya gabedi
контрабас

porompeta
труба

piano

пианино

violin

скрипка

beise

бас-гитара

timpani

литавры

diteramo

барабан

keybhoto

синтезатор

saxophone

саксофон

phala

флейта

mmaekrofouno

микрофон

zuu

зоопарк

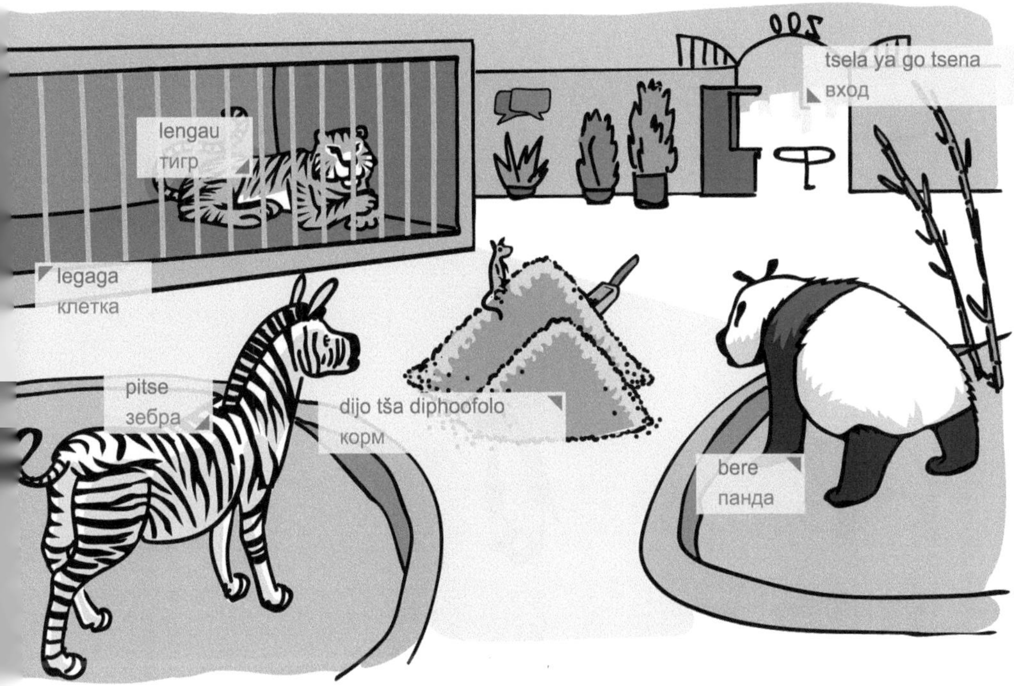
lengau
тигр
legaga
клетка
pitse
зебра
dijo tša diphoofolo
корм
tsela ya go tsena
вход
bere
панда

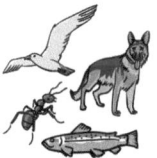

diphoofolo
животные

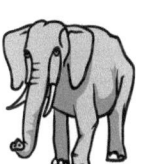

tlou
слон

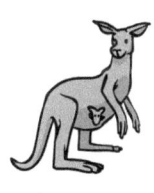

kangaroo
кенгуру

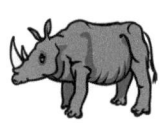

tšhukudu
носорог

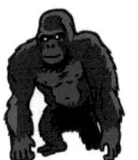

gorilla
горилла

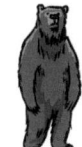

bere
медведь

kamela

верблюд

mpšhe

страус

tau

лев

tšhwene

обезьяна

nonyana ya flamingo

фламинго

nonyana ya parrot

попугай

bere ya polar

белый медведь

penguin

пингвин

shark

акула

phikoko

павлин

noga

змея

kwena

крокодил

mohlokomedi wa di zoo

служитель зоопарка

sili

тюлень

jaquar

ягуар

zuu - зоопарк

pokolo

пони

lepogo

леопард

hippo

бегемот

thutlwa

жираф

lenong

орёл

kolobe ya naga

кабан

hlaphi

рыба

khudu

черепаха

walrus

морж

phiri

лиса

phuthi

газель

zuu - зоопарк

kgwele ya Amerika
американский футбол

go reila paesekela
езда на велосипеде

thenese
теннис

basketball
баскетбол

go rutha
плавание

ntwa ya matswele
бокс

hockey ya lehlweng
хоккей

kgwele ya maoto
футбол

badminton
бадминтон

bakitimi
лёгкая атлетика

polo ya matsogo
гандбол

skiing
лыжный спорт

polo
поло

taboga
прыгать

gokara
обнимать

sega
смеяться

sepela
идти

opela
петь

lora
мечтать

rapela
молиться

atla
целовать

ngwala

писать

thala

рисовать

bontšha

показывать

kgorometša

нажимать

efa

давать

tšea

брать

e ba le

иметь

dira

делать

eba

быть

ema

стоять

kitima

бежать

goga

тянуть

lahlela

бросать

e wa

падать

maaka

лежать

emanyana

ждать

rwala

носить

dula

сидеть

go apara

надевать

robala

спать

tsoga

просыпаться

lebelela

рассматривать

lla

плакать

seterouko

гладить

kamo

причесывать

bolela

говорить

kwešiša

понимать

botšiša

спрашивать

theetša

слушать

e nwa

пить

eja

кушать

hlwekiša

наводить порядок

lerato

любить

apea

готовить

otlela

ехать

fofa

летать

sesa

ходить под парусом

khalekhuleitha

считать

bala

читать

ithute

учиться

mošomo

работать

nyala

вступать в брак

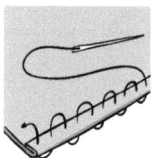

roka

шить

hlapa meno

чистить зубы

bolaya

убивать

kgoga

курить

romela

отправлять

makgolo
бабушка

rakgolo
дедушка

tate
папа

mma
мама

ngwana
младенец

morwedi
дочь

morwa
сын

moeng

гость

rakgadi

тетя

malome

дядя

abuti

брат

sesi

сестра

mmele

тело

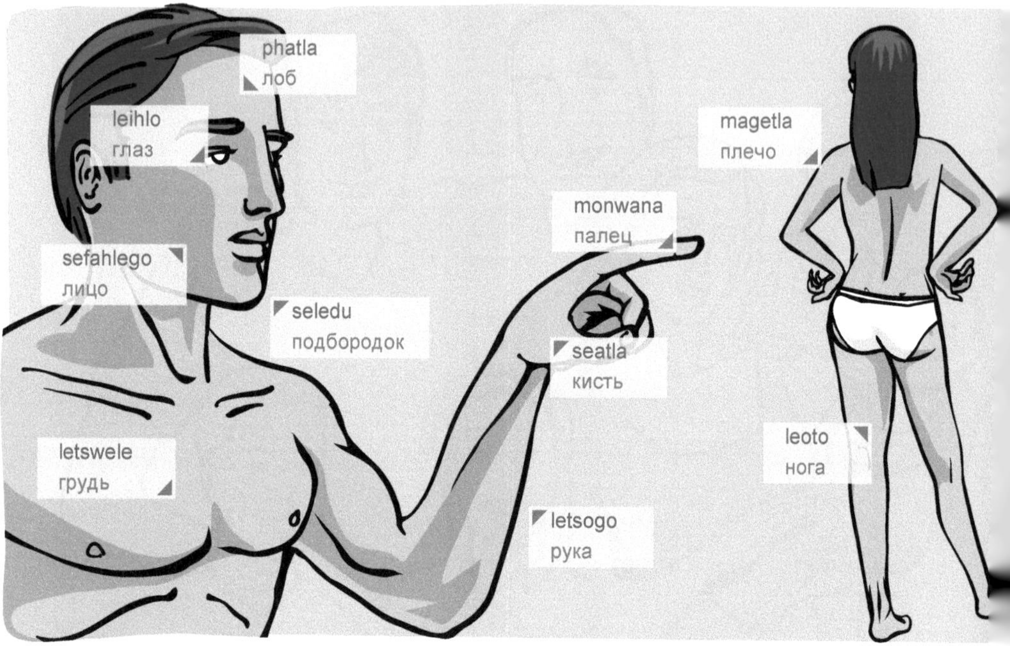

phatla
лоб
leihlo
глаз
magetla
плечо
monwana
палец
sefahlego
лицо
seledu
подбородок
seatla
кисть
leoto
нога
letswele
грудь
letsogo
рука

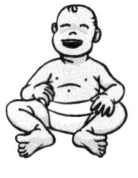

ngwana

младенец

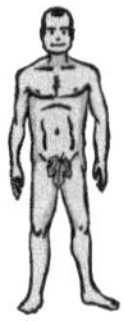

monna

мужчина

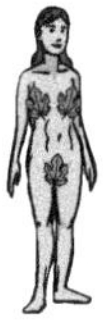

mosadi

женщина

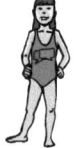

kgarebe

девочка

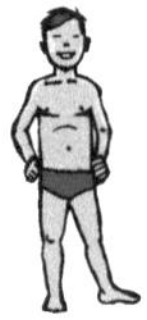

mošemane

мальчик

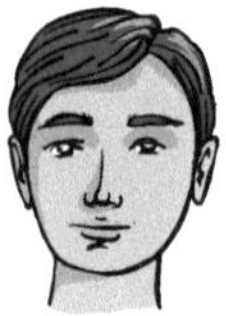

hlogo

голова

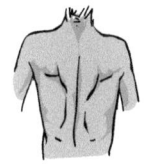

morago

спина

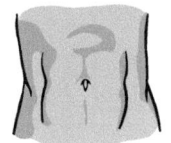

mokhaba

живот

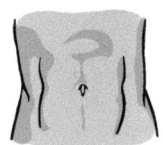

mokhubu

пупок

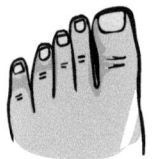

monwana

палец ноги

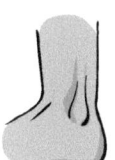

tlhako

пятка

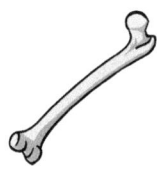

lerapo

кость

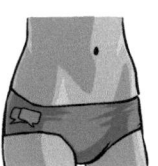

matheka

бедро

leoto

колено

khuru

локоть

nko

нос

tlase

ягодицы

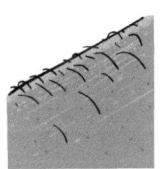

letlalo

кожа

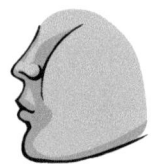

lerama

щека

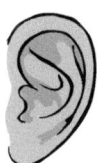

tsebe

ухо

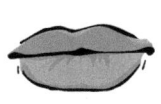

molomo

губа

molomo

рот

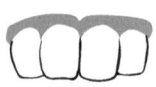

leino

зуб

Leleme

язык

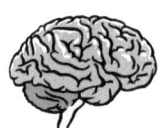

bjoko

мозг

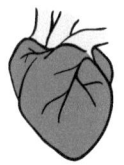

pelo

сердце

segoba

мышца

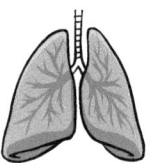

maswafo

лёгкое

sebete

печень

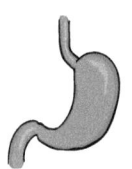

mala

желудок

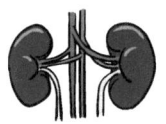

diphsio

почки

thobalano

половой акт

condom

презерватив

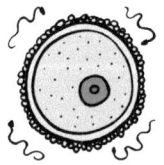

Ovum

яйцеклетка

matshedi

сперма

go ima

беременность

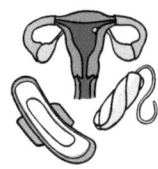

go bona kgwedi

менструация

setho sa bosadi

вагина

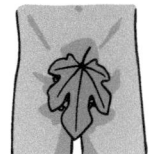

setho sa bonna

пенис

dintši

бровь

moriri

волосы

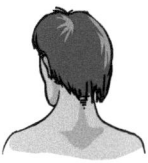

molala

шея

sepetlele
больница

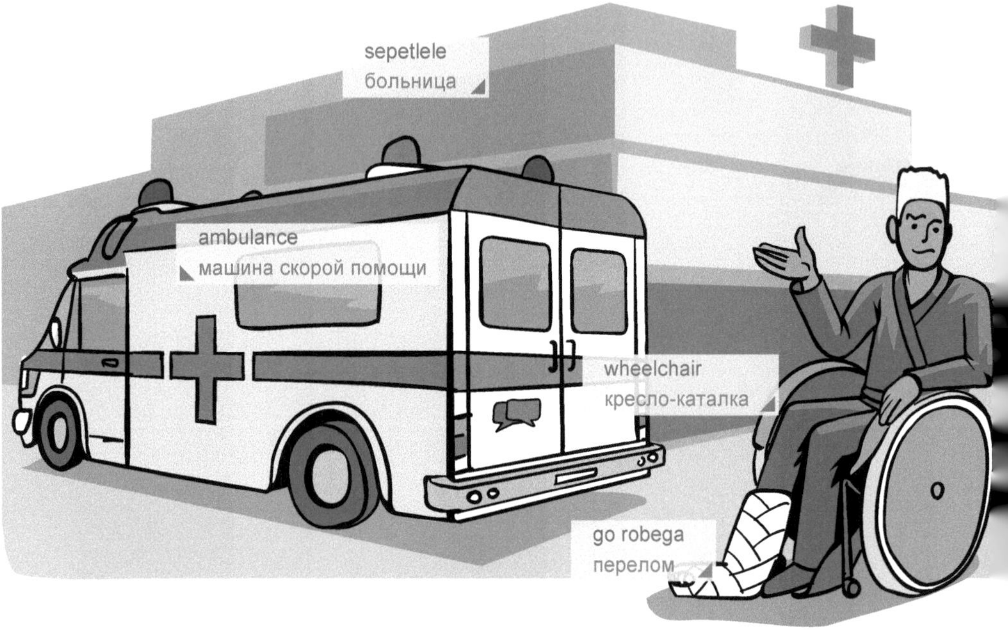

sepetlele
больница
ambulance
машина скорой помощи
wheelchair
кресло-каталка
go robega
перелом

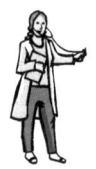

ngaka

врач

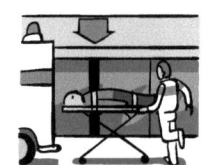

phapoši ya tša tšhoganetšo

пункт первой помощи

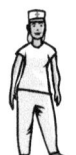

mooki

медсестра

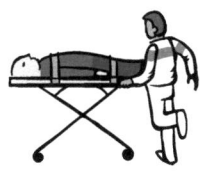

tšhoganetšo

неотложный случай

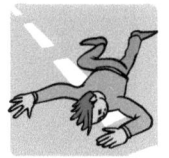

go idibala

без сознания

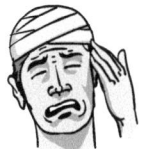

bohloko

боль

go gobala

повреждение

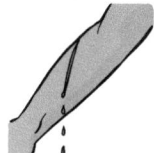

go tšwa madi

кровотечение

bolwetši bja pelo

инфаркт

setorouko

инсульт

ge mmele o ganana le dijo

аллергия

go gohlola

кашель

go gohlola

вышенная температура

sehuba

грипп

letšhollo

понос

go opa ke hlogo

головная боль

kankere

рак

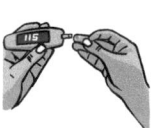

swikiri

диабет

mmui

хирург

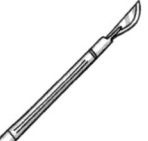

thipa ya scalpel

скальпель

go bulwa

операция

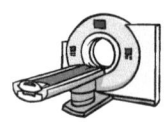

CT

КТ

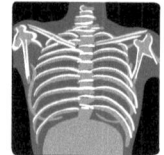

x-ray

рентген

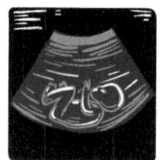

ultrasound

ультразвук

sethiba sefahlego

маска

bolwetši

болезнь

phapoši ya go leta

приёмная

lehlotlo

костыль

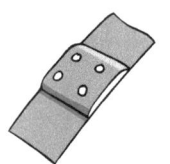

sedirišwa sa plaster

пластырь

lešela la ntho

бинт

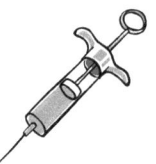

nalete

укол

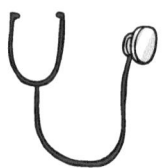

sthehosekoupo

стетоскоп

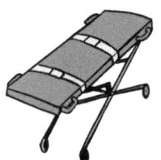

seteretšhara

носилки

themoketha ya kgathelelo

термометр

go belebga

рождение

mmele o mogolo

избыточный вес

sethuša ditsebe

слуховой аппарат

disinfectant

дезинфекционное
средство

twatši

инфекция

baerase

вирус

HIV / AIDS

ВИЧ / СПИД

dihlare

лекарство

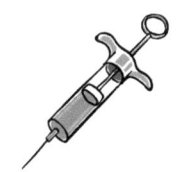

tlhabelo ya go thibela
malwetši

прививка

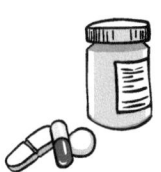

dipilisi

таблетки

pilisi

противозачаточная
таблетка

ˈogala wa tšhoganetšo

экстренный вызов

sehlahlobi sa pelo

прибор для измерения
кровяного давления

go babja / phetše gabotse

больной / здоровый

Thušo!

Помогите!

alamo

сигнал тревоги

go tšhošetšwa

нападение

tlhaselo

атака

kotsi

опасность

go tšwa ka tšhoganetšo

запасной выход

Mollo!

Пожар!

setimamollo

огнетушитель

kotsi

несчастный случай

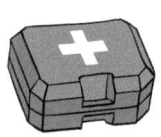

first-aid kit

аптечка

SOS

SOS

maphodisa

милиция

Yuropa

Европа

Amerika Bodikela

Северная Америка

Amerika Borwa

Южная Америка

Afrika

Африка

Asia

Азия

Australia

Австралия

Atlantic

Атлантический океан

Pacific

Тихий океан

Lewatle la India

Индийский океан

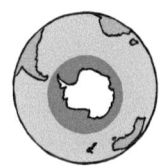

Lewatle la Antarctic

нтарктический океан

Lewatle la Arctic

Северный Ледовитый
океан

North Pole

Северный полюс

South Pole
Южный полюс

Antarctica
Антарктика

Lefase
земля

naga
суша

noka
море

island
остров

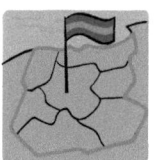

naga
нация

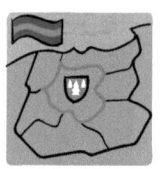

state
государство

sešupanako sa dinomoro

циферблат

diiri tša sešupanako

часовая стрелка

metsotso ya sešupanako

минутная стрелка

metsotswana ya
sešupanako

секундная стрелка

Ke nako mang?

Который час?

letšatši

день

nako

время

gona bjale

сейчас

sešupanako sa dinomoro

электронные часы

metsotso

минута

iri

час

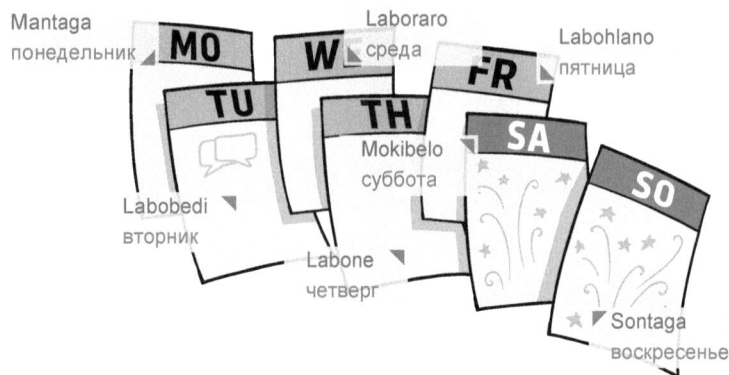

Mantaga
понедельник

Laboraro
среда

Labohlano
пятница

Labobedi
вторник

Mokibelo
суббота

Labone
четверг

Sontaga
воскресенье

maobane

вчера

lehono

сегодня

ka moswana

завтра

mesong

утро

Thapama

полдень

mantšiboa

вечер

MO	TU	WE	TH	FR	SA	SU
1	2	3	4	5	6	7
8	9	10	11	12	13	14
15	16	17	18	19	20	21
22	23	24	25	26	27	28
29	30	31	1	2	3	4

matšatši a kgwebo

рабочие дни

MO	TU	WE	TH	FR	SA	SU
1	2	3	4	5	6	7
8	9	10	11	12	13	14
15	16	17	18	19	20	21
22	23	24	25	26	27	28
29	30	31	1	2	3	4

mafelobeke

выходные

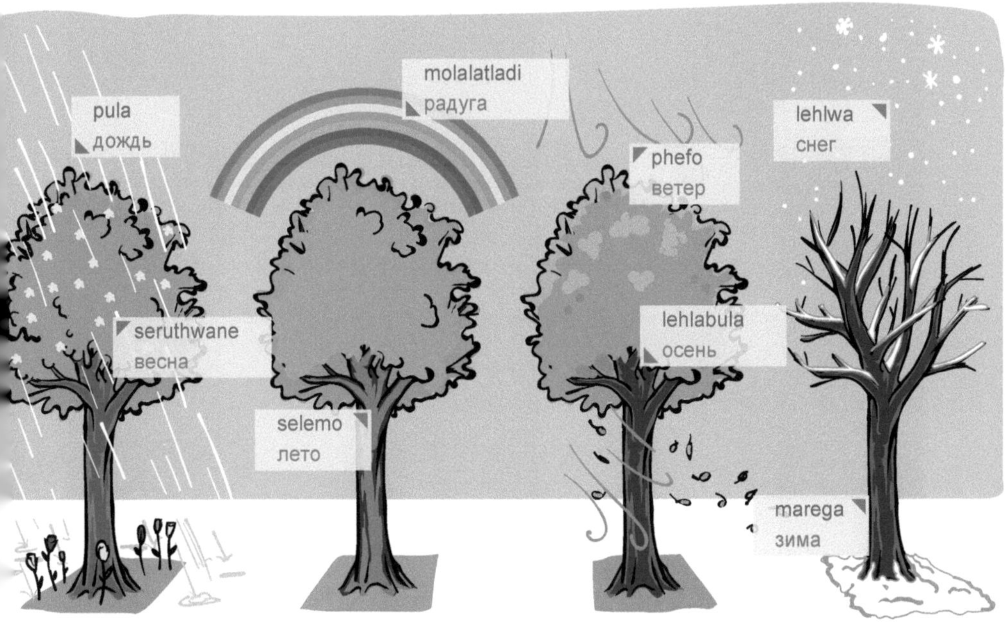

pula
дождь

molalatladi
радуга

phefo
ветер

lehlwa
снег

seruthwane
весна

lehlabula
осень

selemo
лето

marega
зима

4.APRIL	11°	☀
5.APRIL	4°	☁
6.APRIL	13°	☁
7.APRIL	8°	❄
8.APRIL	10°	❄

tsebišo ya leratadima

прогноз погоды

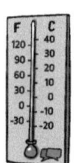

thermometer

термометр

mahlasedi a letšatši

солнечный свет

maru

туча

kgudi

туман

go koloba

влажность воздуха

legadima

молния

legadima

гром

ledimo

буря

sefako

град

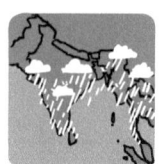

ledimo

муссон

lefula

наводнение

lehlwa

лёд

January

январь

February

февраль

March

март

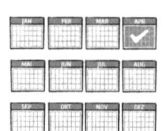

April

апрель

May

май

June

июнь

July

июль

August

август

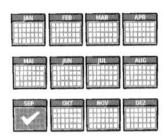

September
....
сентябрь

October
....
октябрь

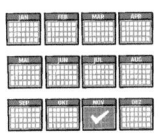

November
....
ноябрь

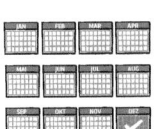

December
....
декабрь

dibopego
формы

nthokolo
....
круг

sekwere
....
квадрат

rectangle
....
прямоугольник

theraekele
....
треугольник

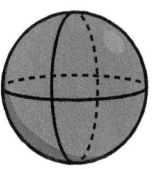

nthokolo
....
шар

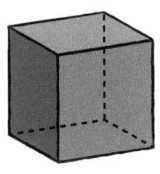

cube
....
куб

tshweu

белый

kheri

желтый

namone

оранжевый

pinki

розовый

khubedu

красный

phepholo

лиловый

pududu

синий

tala

зелёный

tshehla

коричневый

kerei

серый

bontsho

черный

še dintši / tše dinyenyane

много / мало

befetšwe / theotše maswafo

яростный / мирный

botse / befile

красивый / уродливый

mathomo / mafelelo

начало / конец

kgolo / nyenyane

большой / маленький

seetša / leswiswi

светлый / темный

abuti / sesi

брат / сестра

hlwekile / ditšhila

чистый / грязный

feletše / ga se e felele

полный / неполный

mosegare / bošego

день / ночь

hwile / o sa phela

мёртвый / живой

go bulega / go tswalelega

широкий / узкий

e a jega / ga e jege

съедобный / несъедобный

bobe / go loka

злой / дружелюбный

mahlahlo / go tšwafa

взволнованный / скучающий

bokoto / bosese

толстый / худой

mathomo / mafelelo

сначала / в конце

mogwera / lenaba

друг / враг

e tletše / ga e na selo

полный / пустой

tiile / e bonolo

твёрдый / мягкий

ya roba / e bobebo

тяжёлый / легкий

tlala / mokhoro

голод / жажда

go babja / phetše gabotse

больной / здоровый

ga e molaong / e molaong

незаконный / законный

bohlale / lešilo

умный / глупый

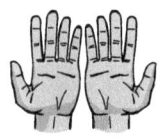

le letshadi / le letona

слева / справа

kgaufsi / kgole

близко / далеко

mapsha / e dirišitšwe

новый / подержанный

selo / se sengwe

ничто / нечто

motšofadi / mofsa

старый / молодой

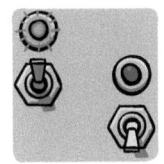

laeta / tima

включено / выключено

bula / tswalela

открыто / закрыто

homola / rasa

тихо / громко

go huma / go diila

богатый / бедный

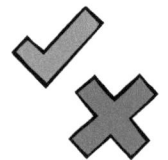

e lokilego / e sa lokago

правильный /
неправильный

makgwakgwa / go thelela

шероховатый / гладкий

go nyama / go thaba

чальный / счастливый

mokopana / motelele

короткий / длинный

go nanya / go kitima

медленный / быстрый

go koloba / go oma

мокрый / сухой

borutho / go tonya

тёплый / прохладный

ntwa / khutšo

война / мир

цифры

0

nnoto

ноль

1

tee

один

2

pedi

два

3

tharo

три

4

nne

четыре

5

tlhano

пять

6

tshela

шесть

7

šupa

семь

8

seswai

восемь

9

senyane

девять

10

lesome

десять

11

lesome tee

одиннадцать

12

lesome pedi

двенадцать

13

lesome tharo

тринадцать

14

lesome nne

четырнадцать

15

lesome tlhano

пятнадцать

16

lesome tshela

шестнадцать

17

lesome šupa

семнадцать

18

lesome seswai

восемнадцать

19

lesome senyane

девятнадцать

20

masomepedi

двадцать

100

lekgolo

сто

1.000

sekete

тысяча

1.000.000

milione

миллион

ЯЗЫКИ

Seisemane

английский

Seisemane sa Amerika

американский английский

Sechina sa Mandarin

мандаринский китайский

Sehindi

хинди

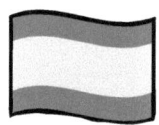

Spanish

испанский

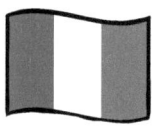

Sefora

французский

Searabic

арабский

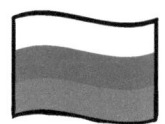

Serašia

русский

Sepotokisi

португальский

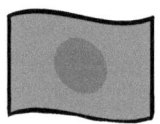

Sebengali

бенгальский

Sejeremane

немецкий

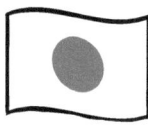

Sefapane

японский

Nna

я

wena

ты

yena / yona

он / она / оно

rena

мы

wena

вы

bona

они

bomang?

кто?

eng?

что?

bjang?

как?

mo kae?

где?

neng?

когда?

leina

имя

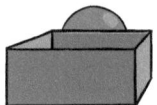

ka morago

за

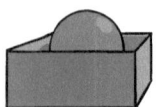

go

в

kgaufsi le

перед

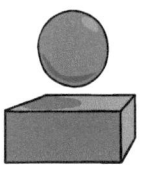

godimo ga

над

go

на

ka tlase ga

под

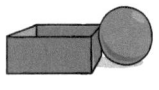

ka lehlakoreng la

рядом

magareng ga

между

lefelo

место